JE SUIS CHARLIE

Ein Buch für die Meinungsfreiheit

JE SUIS CHARLIE

Ein Buch für die Meinungsfreiheit

riva

Bibliografische Information der Deutschen Nationalbibliothek:

Die Deutsche Nationalbibliothek verzeichnet diese Publikation in der Deutschen Nationalbibliografie.Detaillierte bibliografische Daten sind im Internet über http://dnb.d-nb.de abrufbar.

Für Fragen und Anregungen:
info@rivaverlag.de

2. Auflage 2015

Nymphenburger Straße 86
D-80636 München
Tel.: 089 651285-0
Fax: 089 652096

Umschlagabbildung:
ANTRUEJO/toonpool.com (vorn)
Marian Kamensky/toonpool.com (hinten)
Druck: Interpress Kft., Ungarn
Printed in the EU

ISBN Print 978-3-86883-656-1
E-Book (PDF) 978-3-86413-811-9
E-Book (EPUB, Mobi) 978-3-86413-812-6

Weitere Infos zum Verlag:
www.rivaverlag.de

toonpool.com unterstützt die Spendenaktion aus dem Buchverkauf.

VORWORT

CHARLIE HEBDO
JOURNAL IRRESPONSABLE
N° 1178
TOUT EST PARDONNÉ
JE SUIS CHARLIE
LUZ

Mohammed weint eine bittere Träne. In seinen Händen hält er ein Schild, das sagt: »Ich bin Charlie«. Die Überschrift der ersten Ausgabe des Satiremagazins *Charlie Hebdo* nach dem mörderischen Anschlag in Paris lautet: »Alles ist verziehen«.

Es ist eine versöhnliche Karikatur. Getrieben vom Geist des Slogans »Je suis Charlie«, mit dem Millionen Bürger weltweit für Meinungsfreiheit demonstrieren. Eine einmalige Welle der Solidarität vereint Menschen aller Länder. Beim Trauermarsch zum Gedenken der Opfer haben weit über eine Million Franzosen und über 50 Staats- und Regierungschefs Paris zur Hauptstadt unseres Planeten gemacht: Christen marschierten neben Muslimen, Juden neben Atheisten, der Palästinenserführer in einer Reihe mit dem israelischen Ministerpräsidenten. Das hat es noch nie zuvor gegeben.

©Corbis/Jacky Naegelen

Wir werden sie nie vergessen: die mutigen Mitarbeiter von *Charlie Hebdo* um Chefredakteur Stéphane Charbonnier, die tapfer an ihren satirischen Grundsätzen festhielten, obwohl sie mit dem Tod bedroht wurden. Damit bleiben sie für immer ein Vorbild für uns, denn der Kampf für Meinungsfreiheit wird gerade dann wirklich ernst, wenn man im schlimmsten Fall mit seinem Leben dafür bezahlen muss.

Aufgerüttelt durch die dramatischen Ereignisse haben großartige Zeichner und Karikaturisten weltweit den Schock damit bekämpft, dass sie die einzige Waffe gezückt haben, die sie besitzen: den Stift. Friedlich und doch wirkungsvoll, still aber eindringlich. Entstanden sind intelligente Cartoons mit viel Humor, Tiefgang und Nachdruck, von denen die besten in diesem Buch versammelt sind.

Während die amerikanische Regierung nach dem Terroranschlag auf das World Trade Center unmittelbar von der Trauer in eine unerbittliche Schlacht um Vergeltung gezogen ist, bleibt diesmal die Hand in Richtung der muslimischen Welt ausgestreckt. Denn es sind genau diese Werte der Weltoffenheit und Toleranz, für die es sich zu kämpfen lohnt.

Das ist das Ziel des gemeinsamen Weges:
die Versöhnung.

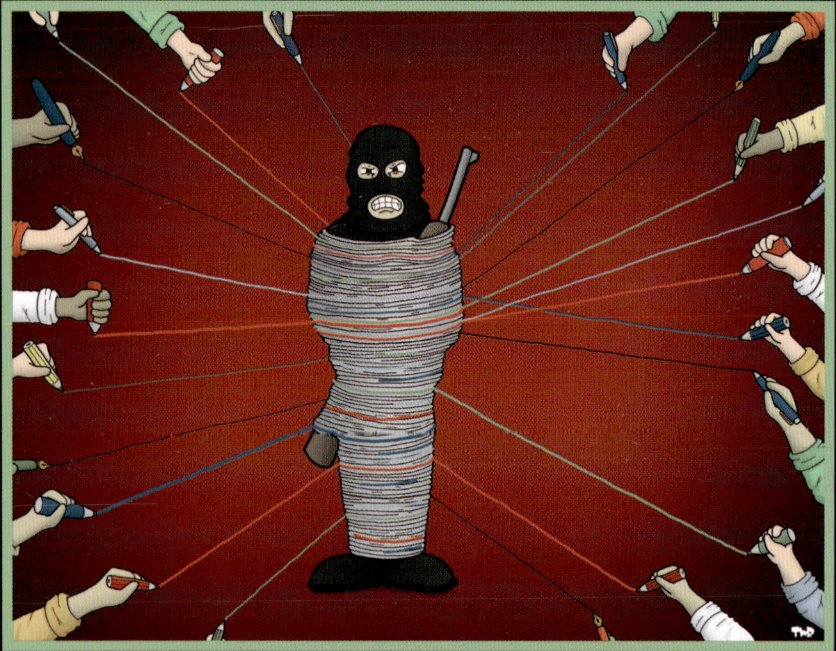
TWD

Grrr!
Es sind so viele!
ATALE
01 15

Syrien! Ich sagte, Du bleibst in Syrien!
Ich wollte einmal Paris sehen ...

Was soll das denn ???
Das tragen in der Schule jetzt alle!
JE SUIS CHARLIE

WELTOFFENE EUROPÄER FÜR MEINUNGSFREIHEIT UND TOLERANZ
(DAFÜR GIBT ES KEINE ABKÜRZUNG!)
ERL15

SONDERVORSTELLUNG
Das Leben des Brian
KINO
Was für ein Film ...
Ich habe Tränen gelacht!

CRIME SCENE DO NOT CROSS CRIME SCENE
CRIME SCENE DO NOT CROSS CRIME SCENE

TIEDE
Je suis Charlie!

HALLO ALLAH, WIR SIND DIE DREI MÄRTYRER VON PARIS !
JE SUIS CHARLIE !
Kamensky

Kamensky

LIEBER TERRORIST, BITTE FOLGEN SIE DIESEN ANWEISUNGEN ZUM KORREKTEN GEBRAUCH EINER HANDFEUERWAFFE.
1. NEHMEN SIE DIE WAFFE IN DIE HAND, UND HALTEN SIE SIE WIE HIER DARGESTELLT.
2. BETÄTIGEN SIE DEN ABZUG.
COOL, VIELEN DANK, EY!

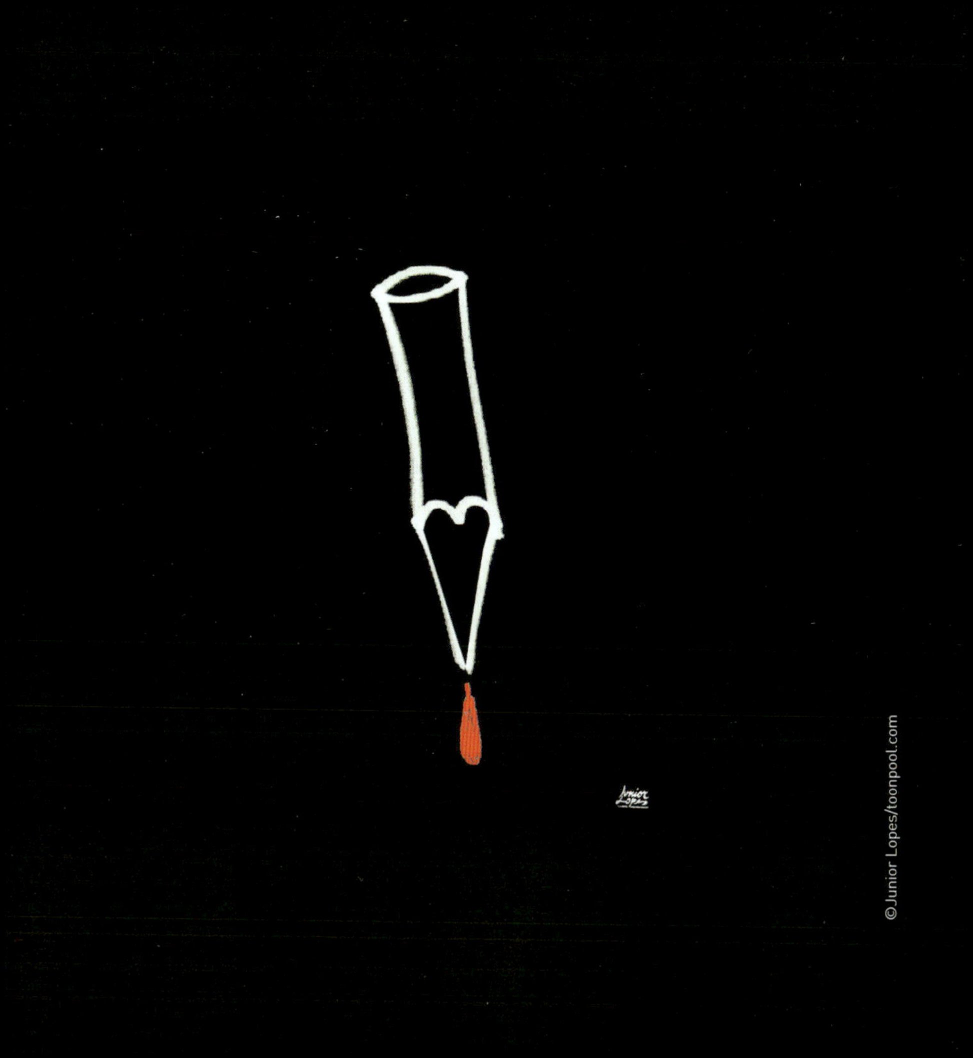
Junior Lopes

Ich hab's:
'ne Mohammed-
Karikatur!
TIEDE

UND WARUM WOLLEN SIE IHREN VORNAMEN ÄNDERN LASSEN?
AUS BERUFLICHEN GRÜNDEN ICH HEISSE CHARLIE...

WER REDET DENN DA?
EIN GEWISSER CHARLIE GAUCK.
HB

CHARLIE HEBDO
NACHRICHTEN
NACH DEM ANSCHLAG AUF CHARLIE HEBDO SIND FOLGENDE OPFER ZU BEKLAGEN:
MEINUNGSFREIHEIT, DEMOKRATIE, KUNST, SATIRE, KULTURELLE VIELFALT...

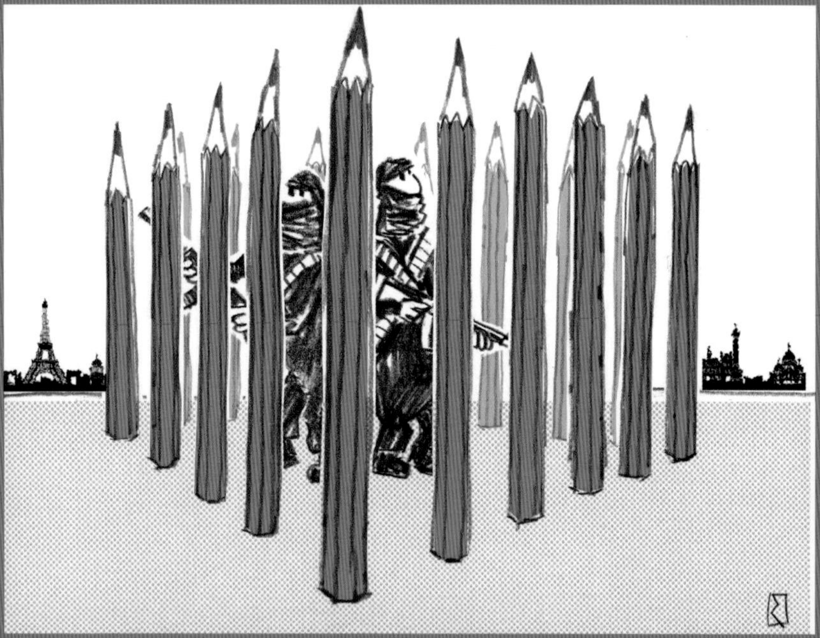

PRESSEFREIHEIT
JE SUIS
CHARLIE
PARIS:
ANSCHLAG
AUF SATIRE-
ZEITSCHRIFT
Calleri
2015

freedom
©2015 Mandor

Liberté • Égalité • Fraternité
RÉPUBLIQUE FRANÇAISE
Ich bin nicht einverstanden mit dem, was Sie sagen, aber ich würde bis zum Äußersten dafür kämpfen, dass sie es sagen dürfen.
Voltaire
ATALE 0115

SOLDAT, KEHREN SIE SOFORT ZURÜCK ZUM WATERBOARDING ! ICH FINDE DIESE MODERNEN FOLTERMETHODEN VIEL ZU GRAUSAM !

Schluss mit dem Kinderkram- wir rüsten auf!
15 © Pfohlmann

"NATÜRLICH WERDEN WIR UNS MIT 'CHARLIE HEBDO' SOLIDARISCH ERKLÄREN – SOLANGE ES UNS KEINE LESER ODER, NOCH SCHLIMMER, ANZEIGENKUNDEN KOSTET!"

GEWALT UND GEWINNEN...
STOMP! STOMP!
TERROR
FASCHISMUS
...IST NICHT DASSELBE.
POPP! POPP!
TERROR
FASCHISMUS
TOLERANZ
MEINUNGS-FREIHEIT
SCHLEY

JE SUIS CHARLIE!

Meinungsfreiheit gesichert! Jetzt zeichnen Sie schon!
Komisch, mir fallen nur Burka-Witze ein...
Troganer

ICH WEISS NICHT, OB ICH DAS SCHON ALS DISTANZIERUNG DURCHGEHEN LASSEN KANN, FRAU ÖZGÜL.
JE SUIS CHARLIE

72 JUNGFRAUEN??? DIE KÖNNT IHR EUCH ABSCHMINKEN! WAS IHR ZWEI VOLLPFOSTEN KRIEGT, SIND 72 MOHAMMED-KARIKATUREN! MANCHE SIND EXTRA WEGEN EUCH GEZEICHNET WORDEN!
DIE 72 MATZEN AUS DEM SUPERMARKT FÜR DEN ANDEREN IDIOTEN SIND GERADE GELIEFERT WORDEN!
MOHAMMED
JE SUIS CHARLIE
fredrich

JE SUIS CHARLIE!!
BALDINGER 2015

DAS DENKEN HAB' ICH AUSGELÖSCHT...
töte
ICH ~~DENKE~~, ALSO BIN ICH.

#CharlieHebdo
miraee
8/1/2015

Ich? Von Beruf? Karikaturist.
War doch nur ein Witz.

WAFFENSCHEINE
Fenya '15

Vhrsti.cz
Je suis
Charlie

Ceci n´est pas Mahomet.

... UND DESHALB SAGE ICH: LASSEN SIE SICH NICHT EINSCHÜCHTERN, MALEN UND ZEICHNEN UND SCHREIBEN SIE WEITER – FÜR DIE FREIHEIT!

©istockphoto

©shutterstock